Lb 45/725

SECONDE LETTRE

A MONSIEUR

LE CHEVALIER RAYNOUARD,

MEMBRE DE LA CHAMBRE DES DÉPUTÉS,

SUR LE PROJET DE LOI

RELATIF A LA LIBERTÉ DE LA PRESSE.

PAR M. LE COMTE DE MONTGAILLARD,
ROYALISTE CONSTITUTIONNEL SELON LA CHARTE.

Ut plerumque sit, major pars meliorem vicit.
T. LIVE.

A PARIS,

CHEZ { DELAUNAY, MONGIE JEUNE, } LIBRAIRES, PALAIS-ROYAL;

ET CHEZ CHARLES, IMPRIMEUR, RUE DAUPHINE, N°. 36.

15 août 1814.

SECONDE LETTRE

A

M. LE CHEVALIER RAYNOUARD.

Monsieur le Chevalier,

Le discours que vous avez prononcé, au nom de la commission dont vous étiez le rapporteur, est jugé; les journaux anglais nous apprennent que ce monument d'éloquence et de raison politique est apprécié à Londres, comme il l'est à Paris. Jamais on n'a donné plus d'esprit à la raison, et plus de charmes à la pensée; jamais l'expérience ne s'est montrée avec autant de sagesse et de lumières. La commission dont vous avez été l'organe a perdu, cependant, son procès à la chambre des députés; mais elle l'a gagné avec dépens au tribunal de l'opinion publique, à ce tribunal où les ministres, comme les simples particuliers, sont assis sur la même sellette.

L'opinion d'une capitale, de toute une nation, a été rarement aussi unanime dans son vœu; l'on ne vit jamais un tel accord dans les esprits pour un intérêt si grand. Les caractères généreux, les écrivains recommandables par leurs talens se sont déclarés partisans de la liberté de la presse; les esprits malsains se sont opposés seuls à la raison, à la charte. On n'a point d'exemple, en Angleterre, depuis un siècle, et en France, depuis vingt-cinq ans, d'une minorité législative aussi forte, aussi prononcée dans une discussion de *principes*, car la discussion sur la liberté de la presse est de cette nature; elle est fondamentale, puisqu'il s'agit de la charte sous laquelle nous allons vivre, puisque cette charte n'existe plus si la liberté de la presse nous est ravie. Certes, le vœu national était là, il a parlé, il a rendu un nouvel hommage aux institutions libérales promulguées par Louis XVIII: ce monarque nous a arrachés à la tyrannie, il nous a conduits, présentés à la véritable liberté, ce monarque ne voudra pas que nous rebroussions des libertés de la charte au despotisme des ministres.

Dans le discours qui ouvre aux Français la

charte constitutionnelle, Louis xviii a dit ces paroles : « Nous avons reconnu que le vœu de nos sujets pour une charte constitutionnelle était l'expression d'un besoin réel; mais en cédant à ce vœu, nous avons pris toutes les précautions pour que cette charte fût digne de nous et du peuple auquel nous sommes fiers de commander. » Paroles sacrées, et déposées déjà dans les annales de France; paroles qu'il n'est permis à personne d'interpréter; paroles véritablement dignes de la nation et du monarque, et qui impriment à la charte un nouveau caractère de sainteté!

Cette charte, les Français l'ont reçue comme on reçoit les bienfaits de la divinité, parce qu'elle a donné un point d'appui à tous les intérêts, et de tranquillité à toutes les consciences; parce qu'elle a sauvé réellement la France, en prescrivant l'oubli du passé et en garantissant la sûreté de l'avenir. Cette charte, en effet, a tout rappelé, mais elle a tout oublié; elle a tout craint ou prévu, mais elle a tout prévenu ou réprimé : en sorte que le passé et l'avenir ont été également jugés et garantis.

S. M. elle-même a daigné le dire à ses loyaux et fidèles sujets : « Nous avons pris *toutes les précautions*, afin que cette charte fût digne de nous et du peuple auquel nous sommes fiers de commander. » Les articles de la charte sont donc les tables de la nouvelle loi, auxquelles nulle personne, en France, n'a le droit de rien changer; l'acte constitutionnel est donc l'Arche sainte autour de laquelle les amis du trône, les amis de la liberté, tous les amis de l'ordre et de la concorde doivent se rallier avec une sincérité, une obéissance, et un courage de sacrifices proportionnés aux droits que le monarque nous a reconnus et garantis.

Dans cette charte, le mécanisme de la législation a été si habilement, si sagement calculé, qu'il suffit de la volonté personnelle du monarque, du droit de sanction appartenant à la puissance royale, pour faire disparaître les erreurs, ou corriger les altérations qui chercheraient à pénétrer dans les vides, à se glisser dans les interstices de la législation.

Il faut bien distinguer, dans la charte, la dotation du pouvoir royal, de la dotation du pouvoir exécutif. Ainsi, par exemple, le pouvoir royal a la pensée, la puissance discrétionnelle du monarque; les ministres n'ont la pensée du gouvernement que sous le rapport de l'exécution des lois : le pouvoir exécutif a l'initiative des lois, c'est-à-dire que les ministres, connaissant l'état des besoins publics, soit en législation, soit en administration, sont chargés de la proposition des projets de loi. Mais, au pouvoir royal seul, à ce pouvoir inviolable et sacré, est réservée la sanction, c'est-à-dire, la pensée sur le danger ou l'utilité d'un projet de loi qui a passé dans les deux chambres; car, le monarque peut se tromper, aussi bien que les ministres, sur les besoins de l'Etat; et le vœu général, qui ne se trompe jamais, leur indique véritablement ces besoins. Alors, le monarque seul, sans conseil, sans ministres, exerçant sa pensée sur les lois proposées à sa sanction, le monarque accorde ou refuse son vote, comme branche essentielle de la puissance législative.

Le Roi est la plus noble partie de la puissance législative, la clef de la voûte nationale et royale; le Roi a la plénitude de la puissance exécutive, et il est le chef de la puissance judiciaire.

Il serait possible que les deux chambres de la législation française, égarées par leurs opinions, ou par les ministres, adoptassent des projets de lois destructives de la charte donnée par Louis XVIII; je parle hypothétiquement, sans aucune application ou allusion quelconques. Dans cette supposition, qui sauvera la charte, qui fera le bien de la nation, qui nous préservera des erreurs législatives ? la pensée royale, le vote du monarque, la conscience du prince ; car, la sanction est un acte de conviction et de conscience royales ; c'est, pour ainsi dire, le jury monarchique.

S'il en était autrement, le *veto*, ou sanction des lois, qui a été placé religieusement dans la main du Roi, serait interverti, déplacé ; et il tomberait, en quelque sorte, dans la main même de la chambre des députés, qui se trouverait ainsi réunir indirectement deux votes, tandis que la charte n'a voulu lui en donner qu'un.

Si je me trompe, c'est de bonne foi, et uniquement par défaut de lumières. Mais, le raisonnement suivant me paraît sans réplique : supposons que la chambre des députés eût *rejeté* le projet de loi sur la liberté de la presse, il est évident que la chambre des députés eût exercé le *veto :* on ne peut donc corriger, ou balancer, si on l'aime mieux, les effets de l'initiative accordée aux ministres, que par l'exercice de la sanction royale, non comme pouvoir exécutif, mais comme pouvoir royal : ce pouvoir de sanction est impeccable, inattaquable, inviolable, sous tous les rapports, ainsi que le choix, mais non pas les actions des ministres.

S'il pouvait jamais exister un projet quelconque d'attenter à la charte royale et nationale, par des lois supplémentaires ou interprétatives; si les deux chambres pouvaient se joindre aux vues de quelque ministre ambitieux, égaré ou ignorant, dans ce cas, le monarque, qui est le concesseur de la charte, en est aussi, heureusement, le véritable conservateur; il devient le seul intéressé à son maintien, et le pouvoir royal suffit pour assurer ce maintien.

Le Roi a dans ses mains le timon, le gouvernail de l'Etat; c'est à lui seul à le régler, conformément à la charte; c'est à lui seul à le sauver, en le défendant contre les infractions qu'on voudrait faire à la charte. Que le Roi soit donc investi de tout le despotisme de la loi, mais que les ministres ne puissent point avoir, exercer la faculté d'interpréter la charte et les lois constitutionnelles, et encore moins la faculté de les violer.

Je le répète, et avec une franchise égale à mon amour pour la patrie, à ma fidélité pour le monarque, je parle toujours ici sous un rapport politique, général, abstraction faite des temps et des lieux, des circonstances et des personnes. Les ministres de S. M. ont tout mon respect; je porte une obéissance absolue aux lois qu'ils sont chargés de faire exécuter; je vénère leur caractère, il émane du choix et de la volonté du prince; ce caractère est saint à mes yeux; mais les opinions ministérielles ne sont mes opinions qu'autant qu'elles sont justes, conformes à la loi, et par conséquent à la décision du prince.

Dans toute constitution politique, les ministres doivent être considérés comme tendans continuellement au despotisme et à l'oppression; voilà pourquoi tous les états qui ont le bonheur de jouir d'une constitution libre ont si scrupuleusement et si sagement *défini, fixé* la responsabilité ministérielle. Le despotisme, a dit M. de Guibert, est la liberté des ministres. Cette phrase renferme un volume; il faudrait cependant la dissoudre dans vingt feuilles d'impression, soit dit en passant, si l'on ne voulait pas qu'elle fût soumise à la censure, c'est-à-dire aux ministres.

L'histoire, ce juge qui confirme chaque jour les titres décernés à Louis XII et à Henri IV par leurs sujets, l'histoire a déjà enregistré dans ses fastes la déclaration donnée à Saint-Ouen, le 2 mai, la charte constitutionnelle, promulguée le 4 juin, c'est-à-dire les bienfaits de Louis XVIII envers son peuple. C'est en vertu de cette charte que je suis libre de manifester mes opinions, d'examiner les actes des ministres, de raisonner sur les opérations de la puissance législative et des dépositaires de l'autorité ; c'est en vertu d'un article formel, positif et incontestable de cette charte, que j'ai la liberté politique de faire entendre ma voix pour provoquer la stricte observation des lois : j'use de ce droit, je me hâte de l'exercer ; car, si le projet de loi présenté par les ministres, et adopté par la chambre des députés, est adopté par la chambre des pairs, si S. M. juge à propos de donner sa sanction à un tel projet, et de le convertir par conséquent en loi, alors je suis forcé de me taire. Si la loi de la *censure*, c'est-à-dire de l'esclavage de la pensée, était rendue et promulguée, je serais le premier à donner l'exemple de soumission, d'obéissance à cette loi, toute *inconstitutionnelle* qu'elle serait, et cela, parce que le premier devoir d'un sujet, dans tout gouvernement, est d'obéir aux lois, quelques mauvaises qu'elles puissent être : mais on ne m'empêcherait pas du moins de pleurer en secret sur les maux que je prévois, sur les maux qu'une loi destructive de la charte, de la liberté et de la propriété politiques et civiles peut produire dans l'État.

J'ai dit que la loi de la censure serait *incons-*

titutionnelle ; ce n'est pas moi, c'est la charte elle-même qui l'affirme et le prouve. Il me semble que les orateurs admis à la tribune de la chambre des députés, n'ont pas abordé la question dans le sens véritable ; il était inutile de se perdre en discussions *historiques*, *métaphysiques*, *grammaticales*, la langue française a été invariablement fixée par l'auteur des lettres provinciales. Gardons-nous, d'un autre côté, des idées métaphysiques, elles ne sont, suivant un auteur célèbre, que *l'esprit-de-vin* du philosophisme : ces flammes éblouissent un moment, mais elles ne peuvent point éclairer ou échauffer. On a épuisé tous les lieux communs du despotisme, et l'on n'a rien prouvé contre la liberté de la presse. Si j'avais eu l'honneur d'être membre de la chambre des députés, j'aurais posé ainsi la question. L'article 8 de la charte dit : « Les Français ont le droit de publier et de faire imprimer leurs opinions, en se conformant aux lois qui doivent *réprimer* les *abus* de cette liberté. » Le projet de loi présenté par les ministres, détruit, abroge formellement l'article 8, donc le projet de loi est inconstitutionnel, subversif de la charte.

Il n'y a point là d'éloquence, de déclamations, mais il y a une logique invincible et la volonté de la loi.

Mais si les mots ne doivent plus exprimer ce qu'ils expriment, si *droit* veut dire *abus*, si *réprimer un abus* veut dire *empêcher de jouir d'un droit*, j'avoue que le projet de loi est conforme à l'article 8 de la charte; et alors il faut un vocabulaire nouveau et une nouvelle langue française, car je conviens que je n'entends pas l'idiôme dont on se sert contre la liberté de la presse.

Répondra-t-on à cet argument d'une manière tant soit peu raisonnable, par les sophismes, les paradoxes, et tous les faux raisonnemens tirés de l'arsenal du despotisme ministériel? On peut le tenter, mais il est impossible d'y réussir, parce que la vérité ne sera jamais le mensonge, parce que oui ne veut point dire non, parce que le blanc n'est pas noir. Mais les *circonstances*, disent les jésuites du corps politique! Eh bien! les circonstances permettent-elles de détruire la justice par un arrêt solennel, de violer la loi et d'annuller les dispositions fondamentales et sacrées de la charte? Les circonstances; avec ce seul mot, on peut tout anéantir; avec ce seul mot, on peut tout excuser; et comment accuser et condamner la révolution française, si elle se servait de ce mot pour légitimer les erreurs et les crimes qu'elle a engendrés ?

Ministres des souverains, votre premier devoir est l'obéissance aux lois, la fidélité au monarque, suprême et inviolable gardien de la loi; voulez-vous que la liberté de la presse n'offre aucun danger pour l'Etat, aucun préjudice pour le sujet, faites exécuter religieusement les lois qui seront promulguées pour réprimer les abus de cette liberté; servez fidèlement le prince, ne lui dérobez pas l'amour et les vœux de ses sujets, et Sully aura sa statue à côté de celle d'Henri IV!

Pourquoi rappeler, afin de calomnier la liberté de la presse, les infâmes écrits de Marat, du père Duchesne; pourquoi offrir sans cesse à notre souvenir ces révolutionnaires qui.... ? Je m'arrête, ma plume ne veut pas se souiller de pareils noms.

Eh, quoi! l'auteur de *l'histoire du Cabinet de Saint-Cloud*, cet écrivain dont la plume est trempée dans le fiel et dans la boue, dont l'ouvrage est une fourmillère de calomnies, ce libelliste diffame nos illustres maréchaux, nos plus braves généraux, nos armées couvertes de lauriers; il attente, à chaque page, à l'honneur du nom français, comme à la vérité; il réveille la haine jusque dans les tombeaux, et porte ses mains sacriléges sur le manteau des pairs de France; et un tel libelle circule *impunément* dans Paris !

J'ouvre toujours la charte, elle est mon évangile; j'y trouve ces paroles de l'auguste frère de Louis XVI : « Toutes recherches des opinions et des votes émis jusques à la restauration sont interdites. Le même oubli est commandé aux tribunaux et aux citoyens. » Voilà les sublimes paroles d'un monarque véritablement père de *tous* ses sujets dans sa charte. Cette charte veut que toutes les personnes auxquelles l'article 11 peut être applicable, jouissent de tous les droits politiques et civils consacrés par l'acte constitutionnel, qu'elles soient par conséquent admissibles aux emplois civils et militaires, puisque l'article 3 déclare que les Français sont *tous également* admissibles auxdits emplois. La charte veut qu'aucun citoyen, quelles qu'aient été ses opinions, ne soit recherché, c'est-à-dire inquiété dans ses fonctions, dans sa fortune, dans sa réputation. Voilà la volonté, l'ordre irrévocables de la loi et du monarque. Pourquoi donc rappeler tous les jours nos crimes, nos fautes, nos erreurs, lorsque le monarque, frère du roi Louis XVI, je me plais à redire ce saint nom, les a lavés, effacés, pardonnés avec cette plénitude de bonté et de justice qui montre un cœur véritablement royal, lorsqu'il en a si formellement *commandé* l'oubli ?

N'allons plus fouiller dans les annales de la révolution pour attaquer la liberté de la presse; car, la révolution prouverait elle-même les dangers qu'entraîne l'esclavage de la pensée. Si la force, la terreur, les supplices et la vue continuelle des supplices n'eussent pas écrasé la liberté de la presse, les hommes qui ont déshonoré le nom français eussent été arrêtés dans leurs attentats, ils eussent reculé devant leurs propres crimes, et la liberté de la presse eût sauvé le plus vertueux des rois, et la monarchie française.

L'on nous parle sans cesse de Jacobins; mais les constitutionnels de 1789 ont été leurs pères. L'assemblée constituante a véritablement conçu et enfanté, sans le vouloir, la convention : les uns étaient les architectes, les autres ont été les manœuvres. Les constitutionnels proposèrent le papier-monnaie, le comité des recherches, l'expropriation du clergé, d'où dérivait, presque nécessairement, celle des émigrés. Les intentions des membres de l'assemblée constituante étaient pures, j'en suis persuadé autant que personne; mais les lumières politiques d'une grande partie de ces membres étaient bornées, et les événemens se sont enfin lassés de le prouver, heureusement pour nous. Des Jacobins; je n'en connais point, je ne vois que des sujets de Louis XVIII, des Français heureux d'obéir aux lois qu'il nous a données, prêts à verser leur sang pour défendre son trône, notre charte, le territoire de la France, l'honneur de la patrie. Il n'y a plus de partis, de dénominations en France depuis le 4 juin; et une loi bien sage serait celle qui interdirait formellement, à tous les écrivains, *sans nulle exception,* de rappeler, dans leurs écrits, et ces temps et ces dénominations qui peuvent exciter tant de discordes ou de haines.

Mais, la révolution, dit-on continuellement! N'en parlons donc plus, si nous voulons que tout le monde l'oublie; n'exhumons pas sans cesse nos erreurs où nos crimes; l'histoire de nos épouvantables calamités suffira pour préserver nos neveux d'un bouleversement semblable. Soyons justes et conséquens dans nos actions, pratiquons les maximes de la charte; et, en nous préservant des maux que la révolution a causés, jouissons des biens qu'elle a faits, et ne fermons pas volontairement nos cœurs à l'indulgence et nos yeux à la lumière.

Parmi les hommes qui ont assisté ou participé à nos dissensions civiles, qui ont été oppresseurs ou victimes ; parmi ces hommes que la politique, la justice, la raison désignent comme coupables (quoiqu'une révolution ne soit autre chose qu'une bataille civile où les vaincus sont déclarés coupables, *politiquement* parlant), il est des hommes doués de grands talens, des esprits supérieurs en administration, éminemment propres à de hautes et importantes fonctions. Je ne prétends pas, à Dieu ne plaise, excuser la convention ; elle est à mes yeux la Saint-Barthélemy de l'ordre social : mais sans partager, sans approuver aucune des opinions de ses membres qui ont plus ou moins erré dans leur conduite, je dirai qu'il est peu de ces membres qu'on puisse accuser de n'avoir pas défendu, aimé leur patrie : la plupart sont pauvres, et tous pouvaient être riches.

Ne nous battons pas avec les mêmes fers dont nos mains étaient encore chargées il y a trois mois, avec ces chaînes que Louis XVIII n'a brisées qu'en se montrant à nous, investi du double caractère de père et de roi ; sauvons l'Etat en contribuant de tous nos efforts à la restauration du royaume, rallions-nous autour du monarque, servons-le avec une fidélité sans bornes, défendons son trône et sa dynastie; mais, libres et heureux de ses propres bienfaits, osons aussi réclamer nos droits aux pieds de son trône, et jouissons, sous sa protection auguste, de tous ceux que la charte nous garantit.

Ces droits, le projet de loi présenté par les ministres nous en dépouille, par le seul fait de la conservation de la *censure;* car, dans une constitution, on ne peut détruire une partie de l'édifice sans ébranler toutes les autres : tout se tient, se lie et se fortifie mutuellement dans une charte politique. Qu'on abolisse en Angleterre la loi de *l'habeas-corpus,* la liberté de la presse suivra bientôt cette loi au tombeau; que la liberté de la presse soit abolie, la loi de *l'habeas-corpus* ne survivra pas long-temps à une telle infraction, et l'admirable édifice de la constitution anglaise s'écroulera, successivement, sous les coups du despotisme.

C'est parce que je suis véritable ami du trône, sujet fidèle du prince, que j'invoque la liberté de la presse; elle m'est formellement garantie par la charte. Tous les argumens avancés pour retrancher de l'acte constitutionnel l'article 8, sont tirés de la révolution, aucun n'est pris dans la charte, dans cet acte qui a terminé irrévocablement la révolution. Mais, Louis XVIII, aux termes de la charte, ne veut point des maximes de tous ces gouvernemens qui ont passé sous nos yeux depuis 1789 jusqu'au 4 juin 1814 : ces gouvernemens se sont portés, sans pudeur, légataires universels de la révolution ; mais ils n'ont accepté la succession que par bénéfice d'inventaire : tout ce qui favorisait leurs intérêts, ils l'ont adopté; tout ce qui s'opposait à leurs vues, ils l'ont rejeté; en sorte que la révolution a été, constamment pour eux, un bénéfice despotique dont les sujets supportaient seuls les charges et acquittaient seuls les frais.

Pour vous, monsieur le chevalier, vous avez plaidé la cause de la liberté de la presse avec les principes mêmes de la charte, dans ce rapport et dans ce discours qui vous placent au rang des hommes d'Etat : aussi, avez-vous porté à la fois la conviction dans les esprits et la persuasion dans les cœurs. Je laisserai de côté les raisons avancées par ceux de vos collègues qui ont parlé en faveur du projet de loi, qui ont cité les Grecs et les Romains, *détaillé* la censure ou les prohibitions lancées contre les manuscrits, dans les temps anciens. Il n'est pas question de la parole manuscrite, mais de la parole imprimée. Nous ne sommes ni Grecs, ni Romains, nous sommes Français; il ne s'agit point des réglemens des anciens rois de France, des décrets consulaires ou impériaux; il n'y a plus, ni ancien, ni nouveau régime : je n'en connais qu'un seul, le régime de la charte. Et qui osera d'ailleurs contester, de bonne foi, que l'imprimerie ait produit de grands *biens*, à moins que l'on ne veuille appeler des *maux* notre émancipation du pouvoir ministériel, notre affranchissement de l'intolérance religieuse? Mais encore est-il ici question de faire un compte de clerc à maître des maux et des biens causés par l'imprimerie; est-il question d'un droit *naturel?* Non, il s'agit purement et simplement d'un droit *politique*, fondamental, solennellement reconnu par la charte, solennellement violé au nom de la charte par le projet de loi, ainsi que vous l'avez prouvé avec ceux de vos collègues qui ont parlé dans le sens positif, littéral de la constitution.

Je rends, et avec plaisir, une éclatante justice aux talens, aux intentions de S. Exc. le ministre secrétaire d'Etat de l'intérieur; mais, je crois que ce ministre a tort dans tous les raisonnemens dont il s'est servi pour appuyer le projet de loi, de quelque éloquence dont il les ait embellis et couverts.

Ce ministre parle de la censure sous Louis XIV, il rappelle « avec quelle sévérité des auteurs qui avaient écrit sur des matières politiques étaient poursuivis par les cours judiciaires; a-t-elle empêché (ajoute S. Exc.) que notre littérature soit parvenue au plus haut degré de gloire ? » Cela prouve seulement que sous le règne de Louis XIV, il était permis, sauf restrictions, d'écrire sur la littérature, et qu'il était défendu sans exceptions d'écrire sur des matières politiques. Mais personne, assurément, ne conteste le despotisme des ministres de Louis XIV, de Louvois, de Colbert, etc., même envers leur collègue *Fouquet*, que des *hommes de lettres* osèrent *seuls* défendre; et si la liberté de la presse eût eu lieu, l'ex-ministre Fouquet ne serait pas mort en prison. Personne ne conteste le despotisme du père Le Tellier, du père La Chaise, quoiqu'ils ne fussent pas tout à fait ministres, ni le despotisme du père Cotton, sous Henri IV qui fut assez grand pour ne laisser à ce religieux que la portion d'influence qu'il devait avoir. Personne ne conteste que de grands malheurs politiques et civils aient été éprouvés par les Français sous le magnifique règne de Louis XIV; ces malheurs ont eu lieu, précisément parce que la liberté de la presse n'existait pas, ou en d'autres termes, parce que la vérité ne pouvait parvenir jusqu'au trône que sous le bon plaisir des ministres. Tout le monde sait aussi que Fénélon, auteur du poëme de Télémaque, fut exilé à Cambray, quoique cet immortel ouvrage pût être réclamé par la littérature bien plus justement que par la politique; ouvrage supérieur pour la beauté de l'imagination et la grâce du style, mais qui est un cours complet de déraison politique.

S. Exc. le ministre s'est trompé en employant ces mots, la chambre des *représentans de la nation;* il n'y a point de représentans de la nation; il y a un roi, une chambre des pairs, et une chambre des députés des départemens, et ces trois branches de la puissance législative représentent *la nation*. Il faut bien se garder de renfermer tout l'Etat dans un seul mot, il nous en a coûté de grandes, d'innombrables calamités pour avoir employé mal à propos ce mot. La souveraineté est dans la nation, mais la nation ne doit jamais l'exercer que par ses représentans; ses représentans, d'après les dispositions de la charte, sont le roi et les deux chambres, c'est une triple puissance qui est *une*, et qui représente *la nation* sous le rapport politique. Rien n'est aussi important que de bien définir notre constitution, de la bien comprendre, afin de n'être jamais en contravention à la loi et aux ordres du monarque.

« Le projet de loi, dit S. Exc. le ministre, a été conçu pour favoriser les bons auteurs ; en France, les ouvrages de quelque importance s'élèvent toujours à plusieurs volumes, parce que l'on approfondit toutes les questions pour y porter plus de lumières. C'est pourquoi l'on a cru pouvoir fixer un nombre de feuilles au-dessous duquel la censure ne pourrait exercer sa surveillance. » Nouvelle manière de porter la lumière dans les esprits que d'être diffus ! Il faudra donc délayer les pensées, et faire un volume de phrases qui ne contiendront que des mots; c'est vouloir condamner Tacite ou Bossuet au verbiage. Le génie ne se mesure pas à la toise d'un censeur, il ne consiste pas dans le nombre des feuilles, des volumes, des *in-folio*, il est dans la justesse, la concision, la clarté et la force des pensées; le génie fixe lui-même son ouvrage et le remplit. Pauvre Montesquieu ! toi qui renfermas en deux cents pages douze siècles de l'histoire romaine, et en dix pages ce dialogue de Sylla, manuel des hommes d'état, chef-d'œuvre de la pensée auquel l'antiquité n'a rien à comparer, et que rien n'égale dans notre langue; immortel Montesquieu, tu n'aurais donc pu éviter la censure, il t'aurait fallu solliciter la permission d'imprimer ; et de prétendues histoires de France, gazettes en six, huit, dix, vingt, trente volumes, et l'Encyclopédie elle-même, avec tout son bavardage philosophique et ses innombrables erreurs, braveraient impunément le bon goût, le bon sens, le public et ton génie.

Les lois règlent tout, fixent tout, dit admirablement bien S. Exc. M. l'abbé de Montesquiou; pourquoi donc ne jouirions-nous pas de la liberté de la presse, lorsque la charte, qui est l'archétipe de toutes nos lois, nous a garanti ce droit?

« La liberté de la presse, dit-on, est la garantie de la constitution, de la liberté. C'est la constitution qui garantit la liberté; ce sont les députés nommés par le peuple pour conserver la forme du gouvernement, etc. » Il est difficile de renfermer plus d'erreurs en si peu de mots. Puisque la constitution *garantit* la liberté, c'est la constitution seule que je dois invoquer; et elle m'accorde formellement, article 8, la liberté de la presse. L'argument de S. Exc. M. l'abbé de Montesquiou prouve précisément le contraire de ce que le ministre veut prouver. De plus, les députés n'ont pas été nommés pour conserver la forme du gouvernement, mais pour discuter les lois qui leur sont proposées; ces députés constituaient, il y a six mois, *le Corps législatif*, et le Sénat était institué pour conserver la forme de gouvernement alors existant : il n'y a plus de Sénat, de Corps législatif, la charte a créé deux chambres qui constituent, avec le roi, la puissance législative; l'article 75 de la charte a voulu que les députés qui siégeaient au Corps législatif continuassent de siéger à la chambre des députés jusqu'à remplacement; ils n'existent plus qu'en vertu de la charte, et leur premier devoir est de se conformer religieusement aux dispositions voulues et consacrées par cette charte.

Il était impossible, dans un projet de loi sur la liberté de la presse, *d'éviter* la constitution anglaise, de ne point parler de cet admirable gouvernement. Le ministre dit : « C'est le gouvernement le plus fort, et un composé tel que le hasard seul semble l'avoir produit, car l'esprit de l'homme n'a jamais pu le concevoir. » Ce gouvernement n'est cependant pas un mystère, je le conçois très-bien, et je le regarde même comme le meilleur gouvernement existant dans le monde. Grands dieux, le gouvernement anglais l'effet du hasard ! Que diraient Coke, Selden, Delolme, Blackstone, les Walpole, les Chatham, les Pitt, les Fox, les Shéridan, les Erskines, si de pareilles hérésies politiques étaient proférées dans le Sénat britannique ? Voici ce que dit M. Edmund Burke, et ce grand homme connaissait assez bien la constitution et les lois de son pays.

« Notre plus vieille réforme est celle de la grande charte. Consultez sir Edward Coke, et vous verrez que ce grand oracle de nos lois, et que tous les grands hommes qui l'ont suivi jusqu'à Blackstone, ont réuni leurs efforts pour démontrer la *généalogie* de nos libertés. Ils ont prouvé que la grande charte, celle du roi Jean, était en connexion avec une autre charte de Henri Ier, et que l'une et l'autre n'étaient rien moins que la réconfirmation d'une autre loi du royaume, encore plus ancienne..... Dans cette fameuse loi de la troisième année du règne de Charles Ier, appelée *la pétition des droits*, le parlement dit au roi : Vos sujets ont *hérité* cette liberté, ils ne fondent pas leur réclamation sur des principes abstraits, mais sur les droits des

Anglais, et ils réclament le patrimoine de leurs ancêtres..... Dans le fameux statut de la première année de Guillaume et de Marie, appelé *la déclaration de droit*, les deux chambres prient le roi et la reine qu'il soit *déclaré* et ordonné que *tous et chacuns* les droits et libertés affirmés et déclarés, sont les véritables, *anciens* et indubitables droits et libertés du peuple de ce royaume.... Vous remarquerez que depuis l'époque de la grande charte jusqu'à celle de la déclaration des droits, telle a été la politique constante de notre constitution, de réclamer et d'affirmer nos libertés comme un bien *appartenant spécialement* au peuple de ce royaume, sans aucune espèce de rapport avec un autre droit plus général ou plus ancien. Par ce moyen, notre constitution conserve de l'unité, malgré la diversité de ses parties. Nous avons une couronne héréditaire, une pairie héréditaire, et une chambre des communes, et un peuple qui tiennent, par *l'héritage* d'une longue suite d'ancêtres, leurs privilèges, leurs franchises et leur liberté. »

Assurément, si le hasard a fait tout cela, ce hasard là est une providence bien habile et bien sage.

S. Exc. le ministre dit : « Le parlement (en

Angleterre), exerce une autorité toute puissante, devant laquelle il faut que tout se taise, que tout fléchisse. » Mais le parlement britannique n'est pas une convention nationale, un long parlement ; mais le roi d'Angleterre est armé d'une grande puissance législative et exécutive ; mais nulle part en Europe le gouvernement n'est plus régulier et moins despotique ! Nous parlons sans cesse du gouvernement anglais, de la constitution anglaise, mais pour les juger avec équité, il faut les *connaître*. C'est cette constitution qui a rendu les Anglais maîtres du continent et des mers, qui a mis entre leurs mains la marine, les colonies, l'argent, le commerce et le mobilier de tout l'univers; et pourquoi ? parce que la liberté publique y fleurit à l'ombre du pouvoir monarchique.

En Angleterre, la chambre des pairs et la chambre des communes proposent la loi, le prince l'approuve ou la rejette, et c'est par ce *veto* absolu qu'il intervient dans le pouvoir législatif ; il est, en outre, revêtu de tout le pouvoir exécutif : quant au pouvoir judiciaire, chacun sait qu'en Angleterre on est jugé par ses pairs. Ecoutons encore M. Edmund Burke ; ce grand homme dit : « Notre constitution est composée de parties opposées entr'elles, et néanmoins compactes et cohérentes; elles ont été ajustées par des hommes d'un talent qu'on peut nommer supérieur, et cimentées par une patriotique probité, dont les événemens, pierre de touche des corps politiques, ont démontré la pureté du titre. C'est l'ouvrage qui honore le plus, à mes yeux, l'esprit humain; et il nous rend forts, heureux, indépendans, et dévoués au prince. »

Voilà le gouvernement, la constitution de la Grande-Bretagne. Je ne demande pas que la France ait la constitution anglaise; nous avons une constitution libérale, appropriée à notre caractère et à nos mœurs. M. le chancelier de France a observé, avec vérité et profondeur, dans la magnifique adresse de la chambre des pairs à Sa Majesté, que la charte promulguée par Louis XVIII satisfaisait tous les intérêts et plaisait à tous les esprits: cette charte a tout mon amour, toute ma fidélité; et c'est précisément parce que je suis Français et ami du trône, que j'invoque l'observation de la charte.

« Il faut bien distinguer la différence qui existe entre la loi *déclarative*, et une loi nouvelle (telle que le projet de loi présenté par les ministres); la première est la *déclaration* et la *reconnaissance* des lois fondamentales, à l'observation desquelles le Roi lui-même est obligé de se soumettre. » C'est encore M. Burke qui parle ainsi.

La loi *déclarative* est, en France, la charte; et la loi nouvelle proposée par le ministre, sur la liberté de la presse, détruit la loi *déclarative*.

« Et cependant, dit son excellence le ministre, ce gouvernement (anglais) si puissant, qu'a-t-il à redouter de cette liberté de la presse tant vantée? Les feuilles anglaises se neutralisent, la responsabilité échappe à leurs vaines réclamations, les feuilles n'ont aucune force contre le gouvernement; elles servent à amuser le public, voilà tout. » Certes, voilà le meilleur et le plus beau raisonnement qu'on pût faire contre le projet présenté par les ministres; et j'en remercie son excellence M. l'abbé de Montesquiou ! Malheureusement, la plupart de nos feuilles ne servent pas à amuser le public, quelque plaisantes qu'elles soient d'ailleurs à certains égards.

Les ministres parlent sans cesse de la difficulté des circonstances; et la difficulté de la charte, comment la surmonter, à moins de détruire l'acte constitutionnel?

Le pouvoir royal est bien plus fort dans notre constitution qu'il ne l'est dans la constitution anglaise. Dans la première, le Roi approuve ou rejette la loi, mais il ne la propose point; dans la seconde, il a tout à la fois le droit de proposer la loi, de l'approuver ou de la rejeter. En Angleterre, la pairie est héréditaire; en France, elle n'est héréditaire que selon la volonté du Roi, et les séances de la chambre des pairs sont *secrètes;* en Angleterre, la chambre des communes est renouvelée toute à la fois dans un temps donné, et le Roi n'influe en aucune manière sur les élections; en France, la chambre des députés des départemens n'est renouvelée que par cinquième chaque année, en sorte que les membres de cette chambre sont toujours, en quelque sorte, anciens et nouveaux tout ensemble; les présidens des colléges électoraux sont nommés par le Roi, et de droit membres du collége : en France, les membres de la chambre des députés et de la chambre des pairs reçoivent de l'Etat un traitement annuel; en Angleterre, ils ne reçoivent point de traitement : en France, le privilége d'accorder des lettres de naturalisation est réservé au Roi; en Angleterre, il appartient au parlement.

Telles sont les considérations majeures qui démontrent que la liberté de la presse est encore plus importante pour nous que pour les

Anglais; car il ne faut pas que les ministres puissent mettre leurs volontés à la place des lois, et c'est ce qui arriverait si l'opinion, c'est-à-dire la liberté de la presse, le plus sûr rempart que puisse avoir une constitution, ne permettait pas de faire entendre aux pieds du trône les accens de la vérité. Il n'y aurait bientôt d'autre liberté que celle de l'adulation envers les dépositaires de l'autorité, et les citoyens ne seraient libres que dans la manière de flatter le pouvoir ministériel.

Peut-on dire que l'Angleterre est encore flétrie, dans les élections parlementaires, des stigmates de la féodalité? L'Angleterre a voulu que ses rois fussent servis à genoux, elle a voulu qu'ils fussent libres de faire le bien et d'empêcher le mal, mais elle a voulu qu'ils fussent obligés de respecter les lois et les libertés du royaume.

« Vous seuls, dit Son Excellence le ministre de l'intérieur aux membres de la chambre des députés, êtes la garantie de la constitution. La France ne demande que vous, rien que vous. » Et le Roi, et la chambre des pairs, que sont-ils donc dans la constitution? La France a pour les députés des départemens une juste considération, ils possèdent sa confiance, ils la méritent; mais la France demande aussi et la chambre des pairs, et son roi que tant d'infortunes ont rendu plus illustre, plus cher à tous les cœurs.

L'on nous parle de l'archevêque de Sens, et on le compare à Médée invoquant les esprits infernaux. Ce principal ministre était prêtre, il a fait casser la révocation de l'édit de Nantes, et c'est un grand bienfait rendu à la France. Encore une fois, il ne s'agit point de l'ancien régime, mais du régime de la charte.

Personne, assurément, ne rend plus de justice que moi aux talens et aux connaissances des députés des départemens; mais je suis moins généreux, je l'avoue, que Son Excellence le ministre de l'intérieur, qui ne voit que de véritables hommes d'Etat dans la chambre; quel riche partage le ministre accorde à la nation française, trois cents hommes d'Etat ! Et à peine une nation en compte-t-elle deux ou trois par siècle; il est même des nations qui n'en ont pas un seul. Les hommes appelés, par de hautes fonctions, à discuter les affaires de l'Etat, ne sont pas pour cela des hommes d'Etat; je n'en connais qu'un seul en France, c'est le Roi; je le dis sans flatterie, parce que la déclaration de Saint-Ouen, et la charte confirmative de cette déclaration le prouvent. Ces actes fondamentaux respirent l'amour du peuple, l'amour du bien, une connaissance approfondie des intérêts politiques, et enfin les paternelles et royales intentions d'un grand homme d'Etat assis sur un trône.

La constitution promulguée par ce monarque est à la fois effet et cause du concert des trois pouvoirs et de leur combinaison; dans cette constitution, tous les cas ont été si bien prévus, les bornes ont été tellement posées, qu'aucune des trois branches de la puissance législative n'a le droit de rester en-deçà, ni celui d'aller au-delà.

Certes, tous les hommes de lettres seront les fidèles, les heureux échos des ministres, lorsque ceux-ci feront entendre, dans la chambre des députés, les bénédictions et les vœux du peuple; pourquoi comprimer la manifestation de ces vœux, ils sont les prières comme les remercîmens des sujets de S. M. ?

Les inconvéniens inséparables de la liberté de la presse ne sauraient, dans aucun cas, en balancer les avantages; ceux-ci inondent et couvrent la question. Que des lois répressives soient rendues, surtout qu'elles soient *exécutées* contre le calomniateur, le libelliste, l'écrivain anonyme, *sans nulle distinction;* mais qu'au mépris de la charte, la pensée et un droit constitutionnel ne soient pas esclaves de l'arbitraire volonté d'un censeur !

Son Excellence le ministre avance qu'il importe de laisser au Roi le droit de permettre la publication des écrits périodiques, comme un moyen qui offre une double garantie de sécurité; car, dit-il, les ministres deviennent alors responsables de l'influence des journaux autorisés. Mais où est, je le répète, la responsabilité des ministres, lorsqu'ils avouent eux-mêmes qu'ils ne peuvent pas craindre les journaux, qu'ils auraient tous les collaborateurs, s'ils leur donnaient plus d'argent qu'ils ne reçoivent?

En tout pays, on le sait, il est des journalistes qui passent, comme un porte-feuille, de ministre en ministre; mais il est aussi des journalistes, des écrivains dont la plume fidèle aux nobles fonctions de l'homme de lettres n'est *ni à marchander, ni à vendre.*

Et que diront donc les journaux s'ils sont désormais sous l'influence directe des ministres? Rien, que ce que ceux-ci voudront leur permettre de dire. A quoi bon s'abonner, à l'avenir, à un journal? Sera-ce pour connaître les actes du gouvernement, le journal officiel, et des placards suffisent pour cela. Sera-ce pour connaître l'opinion publique? Il n'y aura d'autre opinion *publique* que celle qui aura été soumise à la *censure*; voilà cependant où conduit le projet de loi présenté par les ministres!

Des journalistes imprimeront que M. un tel, ou M. un tel, est lancé, mis en avant par les ministres pour combattre la liberté de la presse, tout en affectant d'écrire en faveur de cette liberté! Ces journalistes ne seront pas adroits; personne ne croit aujourd'hui au ridicule du machiavélisme. Dans tous les Etats, on voit des feuilles publiques qui naissent et meurent le même jour; mais il faut que ces feuilles paraissent, comme il faut qu'une voiture publique se mette chaque jour en route, pleine ou vide. D'ailleurs, les calomnies *incognito*, c'est-à-dire les calomnies insérées dans certaines feuilles publiques, ne font aucun mal, voilà qui est prouvé à tous les bons esprits.

Mais, où sera la garantie de la liberté politique et civile des citoyens, si la presse est limitée, ou, pour mieux dire, anéantie, selon le projet de loi présenté par les ministres? La plupart de nos maréchaux, de ces généraux qui ont si dignement servi la nation et honoré le nom français, ont été publiquement diffamés depuis trois mois ; comment justifieront-ils et leur conduite et leur honneur, si leurs écrits sont soumis à l'approbation d'un censeur ; si ce geolier de l'esprit *juge à propos* de les tenir sous clef ? Par exemple, M. le prince d'Eckmuhl, maréchal Davoust, a obéi aux ordres de son souverain, il a exécuté en fidèle sujet, en loyal militaire, des volontés légalement prononcées et transmises ; il a obéi aux lois militaires, à ces lois malheureusement si rigoureuses en temps de guerre. Sans la liberté de la presse, qui répondra que cet illustre maréchal eût pu recouvrer, dans l'opinon publique, un honneur que des folliculaires avaient essayé de lui ravir ? Et désormais, un militaire, un de ces soldats qui comptent plus de victoires qu'ils ne comptent d'années, ne pourrait donc se justifier des calomnies vomies par des libellistes, même étrangers à la France, à moins de faire un volume de trois cent vingt pages, et sans la permission encore d'un agent qui examinerait si la publication du volume *peut* entraîner quelques *inconvéniens* ?

Tous les libellistes de l'univers pourraient-ils se flatter de ravir à nos illustres généraux, à nos braves soldats, l'admiration de l'Europe, la reconnaissance de la France? L'histoire a déjà consacré dans ses immortelles annales leurs honorales services.

Les services de nos officiers, de nos braves soldats, leurs blessures, leurs cicatrices sont sans cesse présens, nous le savons tous, au cœur de S. M.; la gloire de nos armées est sous la protection du sceptre des Bourbons. Mais, comment la vérité, l'impartiale vérité parviendrait-elle jusqu'au pied du trône, si l'opinion publique ne la précédait pas, si la liberté de la presse n'existait plus?

Cette liberté est la garantie de la charte, et, par conséquent, des propriétés qu'on appelle *nationales*, déclarées inviolables par l'article 9. Si la charte peut être violée aujourd'hui dans un point, qui me répondra qu'elle ne peut pas l'être un jour dans un autre article? Que l'on ouvre une fois la porte aux interprétations, elles fondront de toutes parts sur l'édifice constitutionnel. La constitution promulguée par Louis XVIII est le salut de la France, du royaume, conservons-en religieusement l'esprit et la lettre.

La charte a déclaré toutes les propriétés inviolables, sans aucune exception de celles qu'on appelle *nationales*, la loi ne mettant aucune différence entr'elles. Pourquoi donc les notaires, les officiers de justice, les feuilles publiques dans les annonces judiciaires, se permettent-ils de stipuler les distinctions *patrimoniales* et *nationales*; pourquoi déprécier l'une de ces propriétés, en affectant de la distinguer de l'autre? Je ne connais en France qu'une seule espèce de propriétés immobilières, toutes sont *patrimoniales*. Les acquéreurs des biens appelés jusqu'ici *nationaux* sont en légitime possession, la vente qui leur a été faite de ces biens est irrévocable à jamais. Telle est l'inflexible volonté de la loi, de la charte et du prince.

La liberté de la presse, reconnue par la charte, devient, comme on le voit, la gardienne de nos propriétés aussi bien que de nos libertés; la loi nouvelle ne peut pas anéantir la loi *déclarative*, elle doit se borner à réprimer les abus de cette liberté. Si l'on détruit l'article 8 de la charte, il faut créer une armée de douaniers-censeurs, d'espions, de délateurs; il faut par force rétablir les visites domiciliaires et les inquisitions de l'ancienne police.

Car, si l'on empêche d'imprimer publiquement, l'on imprimera clandestinement. S'il devient trop difficile ou dangereux d'imprimer en France, l'on imprimera en pays étranger, à

Genève, à Bruxelles, à Francfort, à Berlin, à Londres, à Amsterdam : une branche d'industrie et de commerce sera perdue pour l'Etat, et la Hollande se ressaisira des bénéfices de la librairie française. Jamais la loi *inconstitutionnelle*, prohibitive ne parviendra à atteindre les contrebandiers de pensées ; l'on craint les pamphlets, l'on aura des libelles, comme l'a très-bien remarqué un de vos collègues à la chambre des députés ; il faudra donc sévir de toutes parts, constamment, et souvent sur de fausses dénonciations. Et que résultera-t-il, en dernière analyse, d'un tel système de prohibitions ? Aucun avantage pour l'Etat, et beaucoup de maux, des maux capables d'engendrer de grands désordres dans son sein.

Règle infaillible : défendez une chose, vous la ferez désirer ; permettez-la, le plus souvent on n'en usera point, uniquement parce qu'on aura la faculté d'en jouir. Et comptez que la satiété et le dégoût si bien inspirés par un grand nombre de nos *faiseurs de pages*, rendront toujours leurs productions peu dangereuses. Les mauvais écrivains ont beau vouloir s'élever, ils retombent toujours sur leur propre fumier, et l'on a oublié le lendemain leur existence de la veille.

Ah! que les lois, le chef suprême de l'Etat et son auguste famille, que le gouvernement, la religion, la morale et les mœurs soient respectés autant qu'ils méritent de l'être, qu'ils soient un objet sacré pour la plume d'un écrivain; et, s'il pouvait exister en France des esprits assez impies, des mains assez impures pour violer le respect dû à la loi et au monarque, que des lois terribles, mais justement appliquées, fassent une éclatante justice, et du sacrilége, et du coupable. Il ne faudra pas beaucoup d'exemples de cette nature pour ôter à la liberté de la presse tous ses abus; coupez la tête de la vipère, vous lui ôtez son venin.

Voilà le vœu de tout homme honnête, de tout fidèle sujet de S. M.; voilà la volonté de la charte.

Cette charte est parfaitement bonne, parfaitement libérale, si elle est exécutée. Qu'une branche de la législation s'égare, même avec les meilleures intentions, l'autre est là pour l'éclairer, et elle a le droit de corriger l'erreur. Espérons donc que la chambre des pairs verra, dans l'article 8 de la charte, ce qui est dans l'article 8 de la charte, un droit positif, fondamental, incontestable, un droit qui cesse d'exister au moment même où le projet de loi présenté par les ministres deviendrait *loi*. Dira-t-on, en faveur de ce projet, que la *censure* ne subsistera que jusqu'à la fin de la session de 1816? Mais si l'on peut anéantir le droit en 1814, à plus forte raison pourra-t-on l'enterrer dans deux ans, car il suffira de renouveler alors les dispositions du projet de loi présenté aujourd'hui, si les *circonstances* le font juger nécessaire, et ces dispositions auront prodigieusement *grandi* en deux années.

Je rends sincèrement hommage aux talens, aux intentions, au patriotisme des membres de la chambre des députés ; mais enfin ils ont pu se tromper ! Il existe aussi, personne ne le conteste, de vastes et profondes connaissances dans la chambre des pairs, dans ce corps illustre qui réunit les vétérans de tous les anciens gouvernemens, les premiers noms de France pour la naissance, le savoir et la politique; dans ce corps qui se compose de l'élite de la monarchie et de toute notre gloire militaire, qui possède des âmes probes, des caractères fermes, des esprits trempés par tous les événemens et forts de l'expérience, de la sagesse, des lumières acquises dans les temps passés; des hommes blanchis sous le poids des affaires publiques, magistrats, enfin, qui ont acquis par de longs services l'estime et la reconnaissance de leurs concitoyens, et qui sont destinés à vivre éternellement dans l'histoire.

Les membres de la chambre des pairs qui étaient membres du sénat, de ce corps si long-temps comprimé par les baïonnettes de l'ancien gouvernement, si souvent calomnié dans l'opinion publique, car il n'était libre que dans ses flatteries; ces hommes sont aujourd'hui, ainsi que tous les Français, heureux de vivre sous un gouvernement libre, paternel, sous le gouvernement d'un monarque qui ne veut régner que par les lois, la justice, la bonté, fondemens inébranlables d'un trône. Espérons donc que les membres de la chambre des pairs se décideront en faveur de la charte, et par conséquent en faveur de l'article 8 qui établit la liberté de la presse.

Les derniers journaux anglais disent, que si la liberté de la presse ne *passe pas*, en France, nous sommes déshonorés. Nous ne serons pas déshonorés, mais nous serons esclaves.

En effet, si la session était dissoute ou ajournée avant que la nation eût obtenu cette *déclaration de son droit,* nul doute que les Français ne fussent replacés, jusques à la session de 1816, sous le joug à la fois inique et inconstitutionnel de la censure, et alors le despotisme s'établit à la place de la liberté. Et comment ne pas le craindre, lorsqu'on voit ces lignes dans le Moniteur du 6 août: « Pourquoi donc ce public s'est-il montré si indocile ? Et c'est à un peuple si peu enclin à porter de la gravité dans les affaires graves, si peu maître de ses fantaisies et de ses caprices, qu'on veut donner la liberté illimitée de la presse...... » Je ne croyais pas jusqu'ici qu'on pût parler avec tant de légèreté de tout un public et du peuple, qu'on pût blesser à ce point le respect qui lui est dû : quoique le rédacteur de cet article *variétés* du Moniteur dise cependant : « au reste, ce petit événement n'est rien, on l'oubliera demain, et on aura raison ; ce qu'on ne doit pas oublier, c'est ce qu'il nous apprend sur les dispositions et les habitudes nationales , etc. »

Si l'on donnait cet article à lire à un anglais, il jugerait de suite qu'il est renfermé dans un journal *ministériel* ; ce que j'y vois de plus surprenant, ce sont les leçons que ce rédacteur prétend donner à la chambre des députés des départemens, et la promptitude avec laquelle cet article, parfaitement écrit dans le sens qu'on a voulu lui donner, a été livré au public; car il n'y a eu qu'un intervalle de seize à dix-sept heures entre la séance du 5 et la publication du Moniteur le 6.

L'article 8 de la charte ne donne pas au gouvernement le droit de permettre la publication des écrits périodiques ; car ce serait lui donner le droit de *défendre* aussi cette publication : le même article permet indistinctement à tous les Français de publier et de faire imprimer leurs opinions. Donc, en vertu de la charte, tout citoyen a le droit de publier un journal ; s'il n'en était pas ainsi, où serait la garantie des droits politiques et civils des Français ? Un homme public, un simple particulier serait lésé dans sa réputation, dans son honneur ; il lui deviendrait impossible de faire entendre sa voix au public, de faire insérer ses justes réclamations dans un journal, sans la permission des agens de l'autorité ; et je demande à tout homme de bonne foi, s'il serait aisé d'obtenir cette permission ! On voit donc clairement, que si le projet de loi présenté par les ministres devient *loi*, la charte est violée.

Illustres membres de la chambre des pairs, la France, l'Angleterre, l'Europe entière ont les yeux fixés sur la grande question soumise à la puissance législative : cette question décidera, peut-être, de l'avenir de la France !

Mais, quelles que soient, dans cette immense circonstance, et la décision de la chambre des pairs, et la volonté de la sanction royale, le devoir de tout Français sera d'obéir à la loi aussitôt qu'elle sera rendue et promulguée. Car, l'obéissance aux lois, la fidélité au monarque, sont les premières obligations du sujet envers le souverain.

Oublions sincèrement nos anciennes discordes, soyons du parti de la charte, et rallions-nous autour du trône! Elevons tous un temple à la Concorde, et que chacun de nous y fournisse sa pierre!

J'ai l'honneur d'être, etc.

Le Comte MAURICE DE MONTGAILLARD.

ADDITION ESSENTIELLE.

L'art. 46 de la charte est ainsi conçu : « Aucun amendement ne peut être fait à une loi s'il n'a été proposé, ou consenti par le roi, et *s'il n'a été renvoyé et discuté dans les bureaux.* »

Cet article de la charte est formel, inviolable, et la chambre des députés est obligée de s'y soumettre.

Mais cet article a-t-il reçu son exécution? j'en doute.

En effet, dans la discussion relative au projet de loi

sur la liberté de la presse, il a été proposé plusieurs amendemens.

S. Exc. le ministre a dit dans la séancce du 11 août, séance où la chambre a adopté le projet de loi : « Je suis chargé, Messieurs, de consentir deux autres amendemens qui ont été demandés. Il en est un dont je ne vous parle qu'à regret, celui qui concerne les opinions des membres de la chambre. On n'avait pas cru, je vous l'avoue, qu'il fût nécessaire de marquer une telle exception dans la loi, etc. »

« Dans le dernier amendement relatif à l'article 22 de la loi proposée, voici la nouvelle rédaction que je suis chargé de vous présenter :

« Les dispositions du titre 1er. cesseront d'avoir lieu à la fin de la session de 1816, etc. »

Un amendement, lorsqu'il est adopté, est fondu dans la loi et en fait partie. Un amendement peut changer une disposition principale de la loi; il peut donc être considéré comme la loi elle-même. Voilà pourquoi l'art. 46 de la charte a voulu qu'un amendement proposé ou consenti par le roi, fût *envoyé et discuté dans les bureaux.*

Les amendemens proposés ou consentis par le roi, relativement au projet de loi, ont-ils été renvoyés et discutés dans les bureaux? Rien ne l'indique ; tout fait présumer le contraire, puisque S. Exc. le ministre, dans son discours prononcé le 11 août, peu d'instans avant la clôture de la discussion, a annoncé qu'il était chargé de consentir deux autres amendemens, etc.

Par conséqnent, si les amendemens proposés n'avaient pas été renvoyés et discutés dans les bureaux, selon la volonté de la charte, et pendant l'espace de temps voulu par la loi, l'adoption du projet de loi, relativement à la liberté de la presse, serait frappée de nullité par l'art. 46 de la charte.

FIN.

www.ingramcontent.com/pod-product-compliance
Lightning Source LLC
Chambersburg PA
CBHW070708050426
42451CB00008B/543